# VOM FELD AUF DEN TELLER

## Nachhaltige Landwirtschaft rund um die Welt

Nancy Castaldo

Illustrationen von Ginnie Hsu

KNESEBECK

Was wären Autor:innen ohne Bibliothekar:innen? Zwei der besten von ihnen ist dieses Buch gewidmet: Becky Klein und Rosemary Calvey. Für euch! – N C

Für Kyle. Danke für deine Unterstützung.
Alles Liebe, Ginnie

Titel der Originalausgabe: *The World That Feeds Us*
Zuerst 2023 in Großbritannien erschienen bei words & pictures,
einem Imprint von The Quarto Group, London 2023



Deutsche Erstausgabe



Projektleitung: Melanie Schöni, Knesebeck Verlag
Übersetzung: Carolin Farbmacher, Poing
Lektorat: Beate Martin für booklab GmbH, München
Satz: Ewald Tange für booklab GmbH, München
Umschlagadaption: Leonore Höfer, Knesebeck Verlag

FSC www.fsc.org MIX Papier | Fördert gute Waldnutzung FSC™ C007207

Printed in Malaysia

ISBN 978-3-95728-802-8



www.knesebeck-verlag.de

# INHALT

# NAHRUNG FÜR DIE WELT

Überall auf der Welt sorgen Landwirtinnen und Landwirte dafür, dass wir zu essen haben. Ob Milchbäuerin in Europa, Maisbauer in den USA, Ackerbauer in der argentinischen Pampa oder Gärtnerin in einem Gemeinschaftsgarten in Berlin oder London – sie alle arbeiten rund ums Jahr, um uns mit Nahrung zu versorgen.

## Die Erde schützen

Viele Bäuerinnen und Bauern sorgen sich auch darum, dass unser Planet gesund bleibt. Sie nutzen möglichst schonende Techniken, um den Boden stark und fruchtbar zu erhalten, unsere Wasserversorgung zu sichern und die Tiere und Pflanzen zu schützen.

Sie bemühen sich, Nahrungsmittel ohne giftige Chemie herzustellen. Sie versuchen, Schädlinge auf natürliche Weise zu bekämpfen, und sie achten darauf, Wasser zu sparen und es sauber zu halten. Tiere werden nicht eingesperrt, sondern dürfen frei herumlaufen.

**Wir wollen Bauernhöfe rund um den Erdball besuchen und uns anschauen, wie sie das ganze Jahr über, von Frühling bis Winter, für unsere Nahrung und das Wohlergehen der Erde sorgen.**

# GRÜNE LANDWIRTSCHAFT

**Die Landwirtschaft steht vielen Herausforderungen gegenüber. Die Bevölkerung wächst, und immer mehr Menschen müssen mit Nahrung versorgt werden. Gleichzeitig wird es auf unserem Planeten immer wärmer, und die Folgen des Klimawandels können diese Aufgabe erschweren.**

## Klimawandel

Um Nahrungsmittel anzubauen, ist ein gesunder Boden und Wasser nötig. Zu wenig oder zu viel Wasser kann der Ernte schaden. Leider führt der Klimawandel zu mehr Dürren und Überschwemmungen. Durch den steigenden Meeresspiegel werden weltweit Äcker an den Küsten mit Salzwasser überflutet und so die Böden geschädigt. Auch Bauernhöfe im Landesinneren sind durch starke Unwetter häufiger von Überschwemmungen betroffen.

## Industrielle Landwirtschaft

Große, industriell arbeitende Landwirtschaftsbetriebe nutzen oft chemische Mittel und Medikamente, um Insekten von den Pflanzen und Krankheiten von ihren Tieren fernzuhalten. Bei dieser Art von Landwirtschaft soll möglichst viel produziert werden, aber der Schutz von Boden und Lebewesen wird oft vernachlässigt. Häufig wird Treibhausgas in die Atmosphäre freigesetzt und Wasser durch landwirtschaftliche Abwässer verunreinigt.

## Das Problem lösen

Bäuerinnen und Bauern arbeiten hart, um zuverlässig und umweltschonend für ein vielseitiges Angebot an Nahrungsmitteln zu sorgen. Manche von ihnen nutzen das ganze Jahr über nachhaltige Techniken. Landwirtschaft nach den Regeln der Agrarökologie arbeitet im Einklang mit der Natur und dem Klima und schützt so das landwirtschaftliche Ökosystem. Die Bäuerinnen und Bauern versuchen, die Vielfalt des Lebens auf der Erde, die sogenannte Biodiversität, zu erhalten. Nachhaltige Arbeitsweisen bewahren die Umwelt vor Schäden.

## Wie Landwirtschaft grüner wird

**Kleinere Flächen**
Pflanzen lassen sich auch in nährstoffhaltigem Wasser anstelle von Erde anbauen. Dafür braucht man weniger Fläche. Man muss auch keinen schädlichen Kunstdünger einsetzen und keine Wälder abholzen.

**Fruchtwechsel**
Jedes Jahr andere Pflanzen anzubauen schont den Boden.

**In der Stadt**
Landwirtschaft in der Stadt verkürzt die Transportwege für Lebensmittel. Das spart Energie und bremst den Klimawandel.

**Clevere Schädlingsbekämpfung**
Schädlinge und Unkräuter lassen sich auch ohne Chemie bekämpfen – zum Beispiel von Hand, mit Robotern und guten Pflanzennachbarn.

**Saatgut ernten**
Viele alte Pflanzensorten kommen gut mit Trockenheit zurecht oder haben auch noch andere Vorteile. Wenn Bäuerinnen und Bauern ihre Samen als Saatgut ernten, bewahren sie die Pflanzenvielfalt auf der Welt.

**Insekten schützen**
Feldfrüchte brauchen Bienen und andere Bestäuber. Obstbäume und Blumenwiesen bieten ihnen Lebensraum.

# FRÜHLING

Der Winter ist vorbei, und die Tage werden wieder länger. Auf der ganzen Welt werden die Äcker für die Pflanzen vorbereitet. Das Vieh knabbert am frischen grünen Gras. Die Bienen sammeln Pollen von den ersten Blüten. Bei ihren Rundflügen bestäuben sie die Pflanzen auf dem Bauernhof.

Für die Bauernhöfe auf der Nordhalbkugel unserer Erde ist im April und im Mai Frühling, auf der Südhalbkugel im September und im Oktober. Aber egal wo, im Frühjahr herrscht auf dem Hof rege Betriebsamkeit.

# ALTE RASSEN UND SORTEN

Im Frühling weidet das Vieh auf grünen Wiesen. Die industrielle Landwirtschaft hält oft nur wenige verschiedene Tierrassen aus moderner Züchtung. Doch viele Höfe kehren zu alten Nutztierrassen zurück. Diese Tiere sind meist gut an das Klima und ihre Umgebung angepasst.

## Alte Nutztierrassen

Alte Rassen sind reinrassige Tiere, die schon seit Jahrhunderten auf Bauernhöfen gehalten werden. Oft sind sie vom Aussterben bedroht.

## Alte Pflanzensorten

Alte Pflanzensorten werden schon seit mindestens fünfzig Jahren angebaut – meistens noch viel länger. Ihre Samen werden oft in der Familie oder in den Dörfern weitergegeben.

## Biodiversität erhalten

Bäuerinnen und Bauern, die sich für die Aufzucht alter Tierrassen oder die Aussaat alter Pflanzensorten entscheiden, bewahren diese vor dem Aussterben und helfen, die Vielfalt von Tieren und Pflanzen auf der Welt zu erhalten. Biodiversität ist wichtig, um unsere Versorgung mit Essen zu sichern. Wenn wir von wenigen Arten abhängig sind, haben wir keinen Ersatz, wenn diese krank werden oder sogar aussterben.

## Vielfalt auf dem Hof

Für die Landwirtschaft ist Vielfalt wichtig. Höfe mit vielen verschiedenen Tierrassen und Pflanzensorten sind robust. Manche Tiere oder Pflanzen leben länger oder kommen mit Krankheiten besser zurecht, manche haben wieder andere Vorteile.

## Alte italienische Rinderrassen

Diese alten Züchtungen sind in Italien wieder sehr beliebt. Aus ihrer Milch macht man leckeren Parmesan.

**Vacca Rossa**
Diese rote Kuh aus Norditalien ist dem Aussterben entgangen. Eine robuste, langlebige Rasse.

**Bianca Modenese**
Diese weiße Kuh stammt aus der Gegend um die Stadt Modena, sie kann sehr alt werden und ist sehr sanft.

**Bruna Alpina**
Die Milch dieser alten braunen Rinderrasse schmeckt ein bisschen süßer als die von anderen Kühen.

# FREILANDHALTUNG

**Wenn der kalte Winter vorbei ist, legen die Hühner wieder Eier. Auf vielen Höfen haben sie Glück und dürfen frei herumlaufen.**

## Auslauf

Viele Hühner und andere Nutztiere werden auf Weiden und in natürlicher Umgebung zusammen mit anderen Tieren gehalten. In der industriellen Landwirtschaft lebt das Vieh oft auf engem Raum. Frei laufende Tiere haben weniger Stress als eingesperrte. Sie sind gesünder und brauchen weniger Medikamente. Freilandhaltung macht das Fleisch schmackhafter, die Milch reichhaltiger und die Eidotter gelber.

## Das perfekte Ei?

Giulio Apollonios Hühnerhof in der italienischen Region Apulien heißt Uovo Perfetto – auf Deutsch: Perfektes Ei. Auf dem Hof leben 6000 frei laufende Hühner. Sie kommen alle aus Betrieben mit Massentierhaltung, in denen die Hühner in Käfigen gehalten und geschlachtet werden, wenn sie nicht mehr genug Eier legen. Bei Apollonio dürfen die Hähne und Hennen nun auf etwa drei Hektar Land frei herumlaufen. Sein Hof liefert beides: Eier für die Menschen und eine gesunde, stressfreie Umgebung für die Hühner. Das Ergebnis: gesunde Bio-Eier.

## Hühnerrassen

**Paduaner**
Diese italienische Rasse ist klein, aber hat eine imposante Federhaube.

**Rhode Island**
Eine äußerst robuste Hühnerrasse, die auf Höfen in aller Welt gehalten wird.

**Hamburger**
Dieses Huhn ist ein geschickter Futtersucher und daher eine sehr gute Wahl für Freilandhöfe.

**Livorno Negra**
Auch bekannt als Schwarzes Leghorn, legt viele weißschalige Eier.

**Bionda Piemontese**
Dieses hellbraune Huhn besitzt einen natürlichen Schutz vor vielen Krankheiten. Ein sehr gutes Legehuhn, das auch als Fleischlieferant gehalten wird.

**Valdarno Bianca**
Dieses große weiße Huhn wäre im 20. Jahrhundert fast ausgestorben, doch wurden die Bestände wieder aufgebaut.

# HOCHWASSER IM FRÜHJAHR

**Zu Frühlingsbeginn gibt es oft Hochwasser, das Überschwemmungsgebiete unter Wasser setzt. Überschwemmungen können aber auch die Folge von Unwettern sein und Schäden verursachen. Überflutete Böden können die Aussaat verzögern, doch Hochwasser kann den Boden auch verbessern.**

## Überflutungen und Böden

Hochwasser führt nährstoffreichen Schlamm mit sich. Lagert sich dieser ab, macht er den Boden fett und fruchtbar. Regelmäßige Frühjahrsfluten können also für bessere Äcker sorgen! Auf diesem Boden wachsen Pflanzen wie Mais und Sojabohnen besonders gut.

## Überschwemmungsgebiete

Überschwemmungsgebiete sind Bereiche an Flüssen, die regelmäßig überflutet werden. Überschwemmungsgebiete gibt es auf der ganzen Welt, zum Beispiel am Nil in Ägypten und am Gelben Fluss in China. In Südamerika erstrecken sich die fruchtbaren Ebenen der Pampa rings um den Río de la Plata, sie sind eine der wichtigsten Regionen der Welt für die Produktion von Nahrungsmitteln. Wegen der vielen großen Getreidefarmen nennt man sie auch die „Kornkammer Argentiniens".

## Überschwemmte Äcker bearbeiten

Im Mittleren Westen der USA werden überschwemmte Felder meistens mit Maschinen umgegraben. Dadurch vermischen sich die Hochwasserablagerungen mit der obersten Bodenschicht, dem Mutterboden. So fließt das Wasser ab, die Pflanzen können den Boden besser durchwurzeln und gedeihen gut.

## Nutzpflanzen in Überschwemmungsgebieten

Mais | Weizen | Sojabohnen | Reis

# STADTFARMEN

**Durch den Klimawandel beginnt der Frühling weltweit früher als bisher. Auf den Bauernhöfen verschiebt sich dadurch der Zeitpunkt der Aussaat. Doch sobald sie beginnt, wird gearbeitet! Und nicht nur auf dem Land – auch in der Stadt gibt es Bauernhöfe!**

## In der Stadt versteckt

In Großbritanniens Hauptstadt London versteckt sich eine Reihe von Stadtfarmen in Hinterhöfen, auf Hausdächern und an anderen Plätzen. Viele dieser Farmen sind Projekte von Freiwilligen und werden von der Bevölkerung sehr geschätzt. Im Frühjahr beginnen die Arbeiten, die Freiwilligen bereiten die Gärten vor, säen Samen aus und begrüßen die neugeborenen Tiere.

## Tierlaute

Jede Sprache hat andere Wörter für die Laute von Tieren. Diese klingen zum Teil sehr unterschiedlich!

**Schafe**
In englischsprachigen Ländern machen Schafe ***baaa***, in arabischsprachigen ***mbaa***. In Holland machen sie ***be'be'*** und in Japan ***meh meh***.

**Schweine**
Auf Deutsch sagen Schweine ***grunz grunz***, auf Englisch ***oink*** und auf Französisch ***groin groin***.

## Einkaufen vor Ort

In der Nachbarschaft angebautes Obst und Gemüse zu kaufen unterstützt die Betriebe in der Umgebung und hilft uns allen. Wenn Bauernhöfe Lebensmittel vor Ort verkaufen, sparen sie sich den Transport und damit Energie. Außerdem sind die Lebensmittel frisch, manchmal sogar direkt vom Feld. Frische Lebensmittel müssen nicht durch chemische Mittel haltbar gemacht werden, sie sind gesünder und brauchen oft keine Plastikverpackung.

## Neues Jahr, neues Leben

Die Schulklassen aus den benachbarten Schulen lernen auf der Stadtfarm, wie man Pflanzen anbaut und Bienen züchtet. Im Frühling wartet auf die Kinder eine besondere Attraktion, dann gibt es Nachwuchs bei den Tieren. Wenn die Pflanzen sprießen, werden auch Tierkinder geboren.

**Gänse**
Englischsprachige Gänse machen ***honk***, türkische ***gak gak*** und italienische ***qua qua***.

**Hühner**
Auf Englisch sagen Hühner ***cluck***, auf Dänisch ***tok tok tok*** und ***git-git-giddak*** auf Türkisch. Ein englischsprachiger Hahn kräht ***cock-a-doodle-do***, ein italienischer ***chicchirichi***.

# BODENPFLEGE IM FRÜHJAHR

**Im Frühling wird es Zeit für die Bodenpflege. Höfe, die ökologisch oder biodynamisch arbeiten, versuchen, den Boden ohne chemische Dünger gesund zu halten.**

## Besser natürlich

Pflanzenanbau zieht Nährstoffe aus dem Boden. Damit der Boden gesund bleibt, müssen die Nährstoffe ersetzt werden. Viele Betriebe nutzen dazu Kunstdünger, doch dieser kann dem Boden und dem Ökosystem schaden. Biobäuerinnen und -bauern verzichten darauf. Stattdessen lassen sie Boden, Pflanzen und Tiere zusammenarbeiten. Sie halten das Ökosystem ihres Hofs mit Dung, Fruchtwechsel und Zwischenfrüchten gesund.

## Was steckt im Boden?

Das Erdreich ist voller Leber Unter unseren Füßen befindet sich eine komplett lebendige Welt. Eine Welt, bewohnt von Regenwürmer Tausendfüsslern, Käfern, Pilzen, Bakterien und andere Lebewesen. Der Boden enthält außerdem Nährstof und Mineralien. Viele der Bodenlebewesen zersetzen Materie, dadurch werden di Mineralien und Nährstoffe freigesetzt, die die Pflanzer zum Wachsen brauchen. Benutzt man Gift gegen unliebsame Schädlinge unc Unkräuter, kann das auch di Lebewesen töten, die einen gesunden Boden schaffen.

## Auf zum WWOOFing!

Beim weltweiten Programm WWOOF (World-wide Opportunities on Organic Farms) können Gäste auf Biohöfen mitarbeiten. Die Gäste oder „WWOOFer" wohnen auf dem Hof und helfen bei der täglichen Arbeit. Sie pflanzen, ernten, versorgen die Tiere oder halten die Ställe sauber. Das ist eine tolle Möglichkeit, ökologische Landwirtschaft und wichtige Techniken kennenzulernen. Und nicht nur für Erwachsene, denn auch Familien können WWOOFen! Kinder dürfen bei vielen Arbeiten mithelfen, und es bleibt trotzdem Zeit zum Reiten, Schwimmen oder Wandern.

## Weg mit dem Unkraut?

Manche Bäuerinnen und Bauern lassen rund um ihre Felder Bäume, Gräser oder andere Pflanzen stehen. Damit wird verhindert, dass wertvolles Regenwasser zu schnell vom Acker rinnt. Der Bewuchs dient auch als Hochwasserschutz und hält den Boden gesund.

## Zwischenfrüchte

Zwischenfrüchte sind Pflanzen, die nicht zum Ernten angebaut werden, sondern um den Boden zu pflegen und zu schützen. Sie versorgen ihn mit Nährstoffen und bewahren ihn vor Zerstörungen durch Wind und Regen. Hier einige Zwischenfrüchte:

**Gräser**

**Hülsenfrüchte**

**Blattgemüse**

**Kohlsorten**

# PFLÜGEN – JA ODER NEIN?

**Ohne gesunden Boden können Pflanzen nicht gut wachsen. Deshalb muss man auf dem Bauernhof im Frühjahr eine wichtige Entscheidung treffen: pflügen oder nicht pflügen?**

## Was ist das Problem?

Pflügen ist in der Landwirtschaft üblich, weil es den Boden für die Aussaat auflockert. Auch Unkraut und Staunässe werden so schnell beseitigt. Aber Pflügen stört den Boden und die Lebewesen, die darin wohnen. Sie können dann nicht so gut die von den Pflanzen benötigten Nährstoffe freisetzen. Vom Pflügen aufgelockerte Erde wird leichter von Regen oder Wind abgetragen. Außerdem wird beim Pflügen Kohlendioxid freigesetzt, was zum Klimawandel beiträgt.

## Direktsaatmaschinen

Wenn man ohne Pflügen direkt säen möchte, braucht man spezielle Sämaschinen. Diese ziehen Saatfurchen in den Boden, legen die Samen hinein, drücken sie an und bedecken sie mit Erde. Die Maschinen stören das Bodenleben so wenig wie möglich und erledigen trotzdem die Arbeit für den Bauern.

**Scheiben-Drillmaschine**

## Was ist die Alternative?

Viele Landwirtinnen und Landwirte finden, dass Pflügen mehr Nachteile als Vorteile hat. Sie haben bemerkt, dass ihr Boden mehr Wasser, Nährstoffe und organische Substanz speichert, wenn sie nicht pflügen. Der Boden bleibt kräftiger und gesünder. Auf das Pflügen zu verzichten spart auch Zeit und Geld und schont die Umwelt.

**Aufbau-sämaschine**

**Einzelkorn-sämaschine**

# KAKAO-ERNTE

**Während in vielen landwirtschaftlichen Betrieben auf der Welt im Frühjahr Pflanzzeit ist, wird auf Hawaii eine sehr wichtige Frucht geerntet: Kakao!**

## Nachhaltige Schokolade

Auf der Hawaii-Insel Maui liegt die Ku'ia Estate Kakaofarm, sie ist acht Hektar groß. Gegründet hat sie Gunars Valkis: Er beschloss, auf Grasland einen dichten Wald aus Kakaobäumen anzulegen. Zehn Jahre später lieferten dort 7000 Bäume Kakao für Hawaiis größte Schokoladenfabrik. Die Fabrik läuft komplett mit Solarstrom und stößt dadurch kein Kohlendioxid aus. Die Arbeiterinnen und -arbeiter bekommen Löhne, von denen sie gut und sicher leben können. Für all das wurde die Farm mit einem Nachhaltigkeitspreis ausgezeichnet. Echt gute Schokolade!

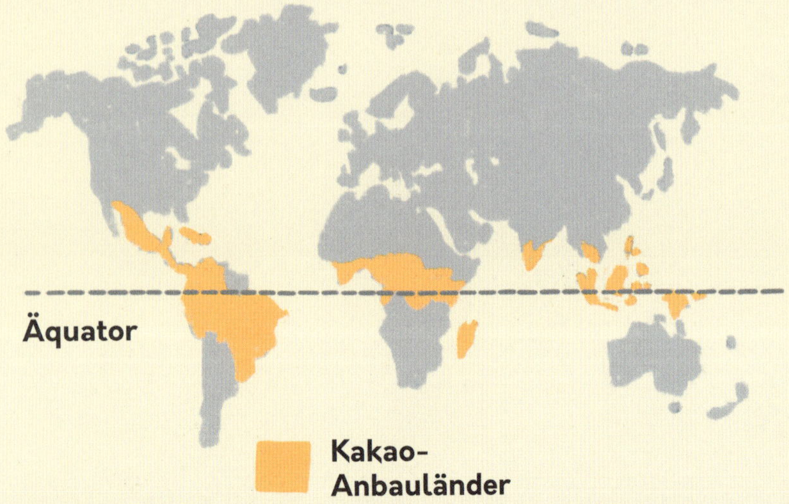


## Vom Klimawandel bedroht

Schokolade ist überall beliebt, aber durch den Klimawandel kann vielleicht bald nicht mehr so viel von der Leckerei produziert werden. Kakaobäume wachsen nur innerhalb des 20. Breitengrads nördlich und südlich des Äquators. Das schränkt den Anbau der beliebten Frucht stark ein. Der Baum braucht hohe Luftfeuchtigkeit, viel Regen, stickstoffreiche Böden und Schutz vor Wind. Man muss also Pflanzen finden, die trotz veränderter Umweltbedingungen durch den Klimawandel überleben können.

## Kakaosorten

Ursprünglich kommt die Kakaopflanze aus Amerika, wird aber heute auch an vielen anderen Orten angebaut. Das sind die vier häufigsten Sorten:

**Criollo**

**Forastero**

**Trinitario**

**Nacional**

## Vom Kakaobaum zur Schokoladentafel

**1.** Die Kakaoschoten werden geerntet und aufgebrochen.

**2.** Die Bohnen werden vollständig aus den Schoten gelöst und geröstet.

**3.** Die Kakaobohnen werden geschält.

**4.** Die geschälten Kakaobohnen werden zu Kakaomasse vermahlen.

**5.** Weitere Zutaten, wie z. B. Zucker, kommen dazu.

**6.** Eine spezielle Maschine knetet die Schokoladenmasse durch.

**7.** Die Schokolade wird erhitzt, abgekühlt und wieder erhitzt. Dann wird sie in eine Form gegossen und muss abkühlen.

# SOMMER

Im Sommer herrscht auf vielen Höfen Hochbetrieb. Die Tage sind lang und sonnig. Das Frühgemüse macht Platz für Sommerfrüchte wie Mais, Kürbis und Brokkoli. Auf dem Bauernmarkt gibt es Obst, Gemüse, Blumen, Fleisch und Käse vom Hof.

Für Bauernhöfe auf der Nordhalbkugel ist in den Monaten Juni, Juli und August Sommer, auf der Südhalbkugel hauptsächlich im November, Dezember und Januar. Sie alle, egal wo, ernähren uns mit ihrer Arbeit.

# OHNE CHEMIE GEGEN UNKRAUT

Im Sommer wachsen nicht nur Nutzpflanzen auf den Feldern, sondern auch Unkraut. Das ist keine bestimmte Pflanzenart, Unkräuter sind einfach Pflanzen, die sich an Stellen verirren, wo sie nicht wachsen sollen. Dort können sie im Weg sein und den Nutzpflanzen Wasser wegnehmen. Manchmal stört Unkraut bei der Ernte oder ist schädlich für das Vieh.

## Unkrautbekämpfung

Mit sogenannten Herbiziden lässt sich Unkraut beseitigen, aber diese chemischen Mittel können der Umwelt schaden. Als Alternative kommen oft natürliche Methoden zum Einsatz. Viele Bäuerinnen und Bauern, z. B. im Navajo-Nation-Reservat in den USA, jäten Unkraut von Hand. Dabei wird es entfernt, bevor es Samen bilden und sich ausbreiten kann. Aber das geht nicht überall. Jeder landwirtschaftliche Betrieb ist anders: Böden, Nutzpflanzen und Klima unterscheiden sich – und auch die Unkräuter!

## Andere Methoden

Jäten ist nicht der einzige Weg, um Unkraut zu bekämpfen. Man kann auch versuchen, die Nutzpflanzen so dicht zu setzen, dass dazwischen kaum Unkraut wachsen kann. Eine andere Möglichkeit ist, die Pflanzreihen mit einer Schicht aus Stroh, Holzhackschnitzeln, Laub oder anderem organischen Material auszulegen. Auch ein jährlicher Fruchtwechsel hilft, dem Wachstum von Unkraut vorzubeugen.

# Wie sich Unkraut verbreitet

Der Bau und die Instandhaltung von Straßen können die Natur beeinträchtigen. Durch Autos und Lastwägen werden Samen und Pflanzenteile in der Umgebung verteilt.

Vieh verbreitet Samen, wenn es Heu und Futter frisst, das Unkraut enthält.

Pflanzen verbreiten ihre Samen auch auf natürliche Weise. Manche Samen trägt der Wind von einem Ort zum nächsten. Andere werden von Tieren im Fell mitgenommen. Wenn Vögel oder andere Tiere Früchte fressen, transportieren sie die Samen in ihrem Körper und scheiden sie mit dem Kot wieder aus.

Auch durch das Verlegen von Wasser-, Gas- und Stromleitungen entstehen Bereiche, in denen sich Unkraut leichter verbreitet.

# SCHÄDLINGSBEKÄMPFUNG

**Warmes, sonniges Wetter lässt die Pflanzen wachsen – aber führt auch zu einem weiteren Problem: Schadinsekten! In den Sommermonaten breitet sich oft pflanzenfressendes Ungeziefer wie Heuschrecken, Käfer und Kürbiswanzen aus.**

## Hühner-Snack

Wenn das Geflügel, also Hühner, Enten und Puten, frei auf dem Hof herumlaufen darf, ist das gesund für die Tiere – hilft aber auch den Pflanzen! Die Vögel fressen nämlich Heuschrecken und andere Schädlinge. Das macht chemische Mittel zur Schädlingsbekämpfung überflüssig und versorgt frei laufendes Geflügel mit einer Extraportion Eiweiß. Ein weiterer Pluspunkt: Auf der Suche nach Fliegenlarven picken die Vögel im Kuh- und Pferdemist herum, sodass dieser luft- und wasserdurchlässig wird.

## Schädlingspolizei

Noch eine weitere Einsatztruppe kann in der Landwirtschaft gegen Schädlinge nützlich sein: andere Insekten, die ihre Pflanzen fressenden und schädigenden Artgenossen verspeisen. Diese Pflanzen-Bodyguards erledigen dieselbe Arbeit wie chemische Mittel, aber ohne Gefahr für die Gesundheit. Je mehr solcher Schädlingsvertilger auf dem Hof sind, desto eher bleiben die Pflanzen gesund.

### Wespen

Hungrige Wespen fressen pro Jahr mehrere Kilo anderer Insekten. Die Weibchen einer speziellen Wespenart legen sogar ihre Eier im Körper der Tomatenschwärmer-Raupe, eines Schädlings, ab. Wenn die Wespenlarven schlüpfen, fressen sie die Wirtsraupe von innen auf. Ziemlich grausam, aber sehr hilfreich für Bauer und Bäuerin.

### Marienkäfer

Marienkäfer haben Punkte, sind rot, gelb, schwarz oder orange und nicht größer als ein Fingernagel. Weltweit gibt es etwa 5000 verschiedene Arten. Sie sind natürliche Feinde von Blatt-, Schild- und Schmierläusen, Zwergzikaden und Milben, die sich von Pflanzensaft ernähren und so Nutz- und Gartenpflanzen schaden. Ein Marienkäfer kann bis zu 50 Läuse am Tag verspeisen – das sind etwa 5000 Läuse in seinem Leben.

### Gottesanbeterinnen

Gottesanbeterinnen ernähren sich von Grillen, Spinnen, Heuschrecken und anderen Insekten, die Pflanzen anknabbern. Manche Arten fressen auch Mäuse, Eidechsen, Laubfrösche und sogar Kolibris. In vielen Teilen der Welt sind sie auf dem Bauernhof gern gesehene Schädlingsjägerinnen.

# BAUERN-MÄRKTE

Wenn die Sommerfrüchte erntereif sind, bringen rund um die Welt Bäuerinnen und Bauern ihre leckeren Erzeugnisse auf Bauernmärkte. Diese findet man an vielen Orten, auch in Stadtparks, auf Parkplätzen, als Straßenstände oder sogar in ungenutzten Bahnhofshallen.

## Gut für die Gemeinschaft

Auf der Phoenix School Farm im Londoner Stadtteil White City lernen Schulklassen zusammen mit ehrenamtlichen Stadtfarmern, wie Nahrungsmittel angebaut werden. Ihre Ernte verkaufen sie an Ständen in der Umgebung. Bauernmärkte sind oft sehr wichtig für die örtliche Bevölkerung. In manchen Gegenden, in denen es nicht viele Läden mit frischem Obst und Gemüse gibt, sind sie bisweilen die einzige Einkaufsquelle für Lebensmittel.

## Traditionelle Spezialitäten

Der Central Market in Lancaster im Bundesstaat Pennsylvania ist der älteste Bauernmarkt in den USA. Seit Generationen verkaufen Familien dort regionale Spezialitäten wie Scrapple, einen Brei aus Schweinefleisch und Maismehl. Das ist ein Gericht der dort ansässigen Glaubensgemeinschaft der Amish. Außerdem gibt es Kürbisse frisch vom Feld und andere Produkte.

Tausende von Kilometern entfernt befindet sich in Ecuador der Otavalo Markt, der größte Markt seiner Art in Südamerika. Bäuerinnen und Bauern aus dem Andengebirge und dem ganzen Land verkaufen hier ihr Vieh. Kunden finden dort auch viele Kartoffelsorten aus den Anden, Mais und andere Lebensmittel, außerdem Textilien aus Alpakawolle und Haushaltswaren.

## Frisch schmeckt's am besten

Auf Bauernmärkten gibt es viel zu sehen und zu entdecken. Du findest dort die besten frischen Lebensmittel aus der Region und unterstützt einheimische Höfe und Produzenten. Die Märkte ziehen sowohl Touristen als auch Einheimische an. Der Zentralmarkt in Riga in Lettland befindet sich in einer ehemaligen Luftschiffhalle. In der italienischen Stadt Padua sind die Piazza della Frutta und die Piazza delle Erbe an Markttagen einen Besuch wert. Dann sind sie voller Stände mit Obst und Gemüse.

# DACHFARMEN

Nicht alle Bauernhöfe liegen zu ebener Erde – für manche muss man hoch aufs Dach! Dachfarmen in Städten rund um die Welt liefern Nahrung für die Stadtbevölkerung. Acht Stockwerke über dem Boden werden auf dem Jacob-K.-Javits-Kongresszentrum in New York Nutzplanzen angebaut. Auf der einen halben Hektar großen Farm, zu der auch ein Gewächshaus und ein 930 Quadratmeter großer Garten mit Obstbäumen gehören, wachsen Radieschen, Salat und viele andere Pflanzen.

Zur Dachfarm auf dem Javits Center gehört auch ein Waldgarten. Waldgärten werden so angelegt, dass sie ein natürliches Ökosystem nachahmen. Da sie in Schichten aufgebaut sind, passen viele Pflanzen auf eine relativ kleine Fläche. In einem Waldgarten wächst z. B. ein Heidelbeerstrauch, darunter Kräuter oder Gemüse. Ein großer Obst- oder Nussbaum bildet die Kronenschicht, und als duftende, unterste Schicht könnte Kriechender Thymian gepflanzt werden.

# HIGHTECH AUF DEM HOF

Um die Menschen umweltschonender zu ernähren, greifen manche Bauernhöfe auf traditionelle Arbeitsweisen zurück. Viele nutzen dazu auch moderne Verfahren. Falsch eingesetzt, kann Technik Schaden anrichten, wenn etwa ein Betrieb Jahr für Jahr, ohne Rücksicht auf Biodiversität oder Bodengesundheit, immer dieselben Pflanzen anbaut. Richtig verwendet, kann Technik in der Landwirtschaft aber zum Umweltschutz beitragen.

## Wie Technik hilft

Roboter und andere Hightechgeräte können in landwirtschaftlichen Betrieben zur Welternährung und zum Schutz der Umwelt beitragen. Sie können Bäuerinnen und Bauern bei der Tierhaltung unterstützen und für die Gesundheit, Sicherheit und das Wohl der Tiere  sorgen. Sie helfen auch, Wasser zu sparen und Felder zu pflegen. Agrarroboter können sogar dazu beitragen, Biodiversität zu erhalten und den Klimawandel zu bremsen. Und das Wichtigste: Der Einsatz von Hightechgeräten spart Zeit und Kraft, so dass die Bäuerinnen und Bauern mehr Zeit für ihre Familie haben!

## Hightechgeräte

**Drohnen und Sensoren**
Drohnen überfliegen die Felder und liefern einen Blick von oben auf Pflanzen und Weidevieh. Wassersensoren melden, wo mehr Bewässerung nötig ist. Mähdrescher, die mit Sensoren ausgestattet sind, zeigen bei der Arbeit im Kornfeld an, wo weicher, nasser Untergrund umfahren werden muss.

**Melkroboter**
Milchbetriebe nutzen Melkroboter, die automatische Melksysteme (AMS) genannt werden. Virtuelle Zäune und Halsbänder zur Ortung der Tiere halten das Milchvieh sicher auf seiner Weidefläche.

**Solarenergie**
Auf Bauernhöfen in der ganzen Welt wird mithilfe von Solaranlagen Sonnenlicht in Strom umgewandelt. So wird erneuerbare Energie erzeugt, die den Höfen Geld spart, den Klimawandel bremst und dazu beiträgt, dass auf unserem Planeten sauberere Energie genutzt wird.

# AGRARROBOTER

Immer mehr Betriebe nutzen Roboter, um nachhaltig Nahrungsmittel zu erzeugen. Und Roboter können nicht nur Kühe melken! Roboter füttern das Vieh und scheren Schafe. Sie können Orangen und Erdbeeren pflücken, jäten und pflanzen.

## Farmbots

Dies sind einige Hightechroboter, die heute weltweit im Einsatz sind:

**PlantTape** ist ein Pflanzroboter aus Spanien. Die Maschine setzt Jungpflanzen, die in einem Band mit Taschen über den Acker gezogen werden, genau im richtigen Abstand in die Erde.

## Laser-Jäter

Um auf einem Feld Unkraut von Hand zu entfernen, ist viel menschliche Arbeitskraft nötig. Mit Jätrobotern bleiben das Ackerland und seine Umgebung frei von Unkraut. Manche Roboter nutzen tatsächlich Laserstrahlen, um Unkraut zu vernichten, ohne dabei Bienen und anderen nützlichen Insekten zu schaden. Auf diese Weise tragen die Roboter auch dazu bei, die Vielfalt an Pflanzen und Tieren zu erhalten. Klingt wie im Science-Fiction-Film, ist aber echt!

**LaserWeeder,** ein Laser-Jätroboter, entfernt Unkraut mithilfe von Hochenergielasern. Er macht Chemikalien und Pflügen überflüssig und vermeidet gleichzeitig Ernteschäden.

**TerraSentia** ist ein kleiner Feldroboter der amerikanischen Firma EarthSense, der Feldfrüchte auf Krankheiten hin überprüft und Unkraut entfernt.

# ERNTEZEIT

**Geerntet wird das ganze Jahr über, und in den verschiedenen Regionen der Welt erntet man zu unterschiedlichen Zeiten unterschiedliche Früchte. Während manche Betriebe Ernteroboter einsetzen, erntet man vielerorts noch von Hand. In Südindien beginnt im Sommer die Ernte der Jackfrucht.**

## Jackfrucht-Farmen

Die Frucht wird auf Farmen oft zusammen mit Mangos, Stachelbeeren, Cashewnüssen und anderen tropischen Früchten angebaut, und zwar im Streifenanbau. Das heißt, die Felder sind in lange, von Bäumen gesäumte Streifen unterteilt. Auf jedem Streifen werden jedes Jahr andere Pflanzen angebaut. Streifenanbau ist also eine Form des Fruchtwechsels. So ist größere Vielfalt möglich. Diese Methode wird auch „alley cropping", also „Allee-Anbau" genannt. Die Alleen aus Nuss- und Obstbäumen – darunter auch die Jackfruchtbäume – entlang der Streifen schützen vor Erosion durch den Wind.

Jackfrucht

## Eine Pflanze, viele Möglichkeiten

Die Jackfrucht ist überaus vielseitig, was sie in Indien zu einer wichtigen Nutzpflanze macht. Sie wird roh gegessen oder in Currys gekocht. Aus Jackfrucht kann man Marmelade, Chips und eine Nachspeise namens Payasam machen. In die Blätter werden Speisen zum Dämpfen gewickelt. Die Jackfrucht ist nährstoffreich, für ihren Anbau braucht es weder viel Wasser noch Chemie. Da sie durch ihre Vielseitigkeit viele Menschen ernährt, trägt sie zum Schutz des Planeten bei.

Payasam

## Rette die Jackfrucht!

Als K.R. Jayan bemerkte, dass nur noch wenige Jackfruchtbäume in seinem Dorf im indischen Bundesstaat Kerala wuchsen, fing er an, selbst welche zu pflanzen. Inzwischen ist er als „Jackfrucht-Jayan“ bekannt, denn er hat über 20 000 Jackfruchtsetzlinge angepflanzt. 2019 erhielt er einen Preis und wurde von der indischen Regierung als Pflanzenretter ausgezeichnet.

# BLICK IN DIE VERGANGENHEIT

Mexiko liegt nahe am Äquator, deshalb gibt es dort keine vier Jahreszeiten, sondern nur eine Regen- und eine Trockenzeit. Von Juni bis Oktober ist es in der Regel warm und feucht, das ist die Erntezeit für Mais, Kochbananen, Chilischoten, Äpfel, Zwiebeln und Kürbisse.

## Schattenanbau

Einige Bäuerinnen und Bauern in Mexiko verwenden dieselben Anbauweisen wie einst ihre Vorfahren. Beim Anbau von Kaffee nutzen sie z. B. eine mehrstöckige Anbaumethode. Als Pflanze, die Schatten liebt, wird die Kaffeepflanze unter Obstbäume gepflanzt, die mit ihren Blättern ein Dach bilden. Unter den Kaffeeplanzen wachsen niedrige Gemüsepflanzen wie Chili, Schnittlauch und Kürbisse. Die Bäume schützen die kleineren Pflanzen vor Wind und Kälte. Ihr Laub spendet Schatten; wenn es herabfällt, dient es als natürlicher Dünger, verhindert das Wachsen von Unkraut und speichert Feuchtigkeit.

## Die drei Schwestern

In Mexiko wird noch eine andere alte Anbauweise genutzt, die sogenannte Milpa. Dabei werden Mais, Bohnen und Kürbis zusammen angebaut. Die drei Pflanzen, die man auch „die drei Schwestern“ nennt, nähren seit vielen Jahrhunderten die Menschen der Region. Wie beim merhstöckigen Kaffeeanbau bildet der Mais das Dach, Bohnen die mittlere Etage und Kürbisse die untere. Die Zusammenstellung der drei Pflanzen macht Chemie gegen Schädlinge und Unkraut überflüssig. Als gute Nachbarn helfen die Pflanzen einander beim Wachsen. Der Mais bildet ein stabiles Gerüst für die Kletterbohnen. Die Bohnen holen Stickstoff aus der Luft und reichern den Boden an. Und die stachligen Kürbisranken halten hungrige Schädlinge fern.

# BEWÄSSERUNG

Im Sommer ist es heiß. An vielen Orten fällt oft nur wenig Regen zur Bewässerung der Nutzpflanzen. Der Klimawandel bringt neue Herausforderungen für die Landwirtschaft mit sich, denn die Sommer werden vielerorts noch heißer und trockener.

Auf diesem Feld wächst blauer Mais

## Trockenfeldbau

Um sich dem trockeneren Wetter anzupassen, wird in Kalifornien eine traditionelle Anbauweise betrieben, die man Trockenfeldbau nennt. Durch eine sorgsame Bodenbearbeitung wird dabei das Regenwasser vom Winter in den obersten Erdschichten gespeichert, bis im Frühjahr und Sommer angepflanzt wird. Nur 50 Zentimeter Niederschläge im Winter genügen den Pflanzen zum Wachsen. In Arizona baut Michael Kotutwa Johnson mithilfe des Trockenfeldbaus Mais an, und auch in Italien und Spanien nutzt man ähnliche Methoden im Wein- und Olivenanbau.

## Tomaten vom Trockenfeld

Auf Sizilien, wo es wenig regnet, wird die Siccagno-Tomate ganz ohne Bewässerung angebaut. Dafür setzt man die Jungpflanzen im zeitigen Frühjahr, wenn es kühl und feucht ist. Danach werden sie der Natur überlassen, sogar bei Temperaturen von 45 °C und mehr.

# SELBER PFLÜCKEN

Ob selber pflücken in Deutschland, selvplukk in Norwegen, Pick-your-own, U-Pick, upickem oder PYO im englischsprachigen Raum – Felder, auf denen man leckeres unbehandeltes Obst und Gemüse selbst ernten kann, sind überall sehr beliebt, und im Sommer strömen die Familien scharenweise auf die Selberpflück-Felder.

## Was gibt es wo zu pflücken?

Obst und Gemüse kann man auf der ganzen Welt selber pflücken und so regionale Betriebe unterstützen. Zur Auswahl stehen viele verschiedene Selberpflück-Felder. In Schottland kann man Himbeeren und Taybeeren, eine Kreuzung aus Brombeeren und Himbeeren, pflücken und Zitronen an der italienischen Amalfi-Küste. Süßkirschen und Äpfel gibt es im Dorf Gvarv in der norwegischen Region Telemark und Orangen in der Gegend von Valencia in Spanien. Im Juni sind in den USA die Erdbeeren reif und in der südafrikanischen Provinz Gauteng die Granatäpfel.

# HERBST

Im Herbst, wenn die Tage kürzer und kühler werden, ist in vielen Teilen der Welt Erntezeit. Der Herbst ist auch die Zeit der Erntedankfeste. Wenn die verschiedenen Früchte erntereif sind, kommen ganze Dörfer und Städte zusammen, um die essbaren Schätze zu feiern und zu genießen. Für Bauernhöfe auf der Nordhalbkugel ist im September und Okober Herbst, auf der Südhalbkugel im März und April.

## Erntedankfeste

So verschieden die Früchte sind, die im Herbst auf der ganzen Welt geerntet werden, so verschieden sind auch die Traditionen und Feste. Bei allen ist die reiche Herbsternte aber ein willkommener Anlass zum Feiern! Während die Norditaliener die Maronenernte feiern, wird auf der süditalienischen Insel Sizilien das „Grüne Gold“ mit einem Pistazienfest geehrt. In einigen asiatischen Ländern feiern die Menschen die Herbsternte zur Zeit des Herbstvollmonds. Zu diesem Mondfest gibt es süße „Mondkuchen“ und Zeremonien zum Dank für die Ernte. In Papua-Neuguinea und Nigeria sind Yamswurzeln ein Grundnahrungsmittel. Wenn am Ende der Regenzeit die ersten Wurzeln reif sind, veranstaltet man große Feste mit Essen und Tanz.

# APFELERNTE

In vielen Gegenden der Welt ist der Herbst die Zeit der Apfelernte! Äpfel wachsen dort am besten, wo die Winter kalt und die Sommer warm sind. Das gilt für weite Teile der Erde und so auch für viele Regionen Australiens, Asiens, Europas und der USA. Von Land zu Land gibt es verschiedene Apfelsorten, die unterschiedlich verwendet werden.

## Mehr als Apfelkuchen

Äpfel schmecken lecker im Kuchen, aber es gibt auch andere Möglichkeiten, sie zu verarbeiten. Man kann daraus Apfelmus oder Apfelsaft herstellen. Äpfel von Londoner Dachfarmen werden zu Apfelchutney verarbeitet, und in Deutschland und Österreich wird gern Apfelstrudel gegessen. In den USA trinkt man Apfelwein und lässt sich an kühlen Herbsttagen frisch ausgebackene, heiße Apfelwein-Donuts und kandierte Äpfel schmecken.

## So kochst du Apfelmus

Apfelmus schmeckt herrlich nach Herbst und passt gut zu Pfannkuchen oder Kaiserschmarrn. Man kann es aus frisch gepflückten Äpfeln und Wasser leicht selber kochen. Äpfel sind von Natur aus süß, man braucht also keinen Zucker. Sehr lecker ist es, wenn man ein bisschen Zimt hinzufügt.

**1.** Frag auf einem Fruchthof in der Umgebung, welche Sorten sich am besten für Apfelmus eignen, oder probier mal Gala, Boskoop, Gravensteiner oder Braeburn.

**2.** Wasche und schäle drei mittelgroße Äpfel und schneide sie klein.

**3.** Gib die Äpfel in einen Topf und gieß so viel Wasser dazu, dass sie bedeckt sind. Lass sie bei kleiner Hitze köcheln, bis sie weich sind.

**4.** Zerdrück oder pürier die Äpfel, je nachdem, ob du das Mus mit oder ohne Stückchen möchtest.

**5.** Füll das Apfelmus in Gläser und stell es kühl oder friere es ein.

# ERNTEHELFER

**Auch wenn viele Früchte, wie z. B. Äpfel, von Hand gepflückt werden, gibt es Obst- und Gemüsesorten, die mit Maschinen geerntet werden. Durch den Einsatz von Maschinen braucht man weniger menschliche Arbeitskraft. Das kann die Ernte schneller und einfacher machen. Da die unterschiedlichen Pflanzen unterschiedlich geerntet werden, sind verschiedene Maschinen nötig. Jede ist auf eine bestimmte Art der Ernte spezialisiert.**

## Groß und klein

Überall auf der Welt sind Maschinen wie Mähdrescher, Ballenpressen, Kartoffelroder und Maschinen zur Olivenernte im Einsatz. Förderbänder helfen bei der Ernte von niedrig wachsenden Feldfrüchten wie Kohl. Mähbinder schneiden und bündeln Getreide wie Weizen und Hafer. Manche Maschinen sind kleiner, sodass sie durch die Felder geschoben werden können. Andere sind so groß, dass man sie fahren muss. Diese Maschinen können das Leben auf dem Bauernhof einfacher machen, sind aber oft für kleinere, nachhaltige Betriebe zu teuer.

## Erntemaschinen

**Mähdrescher**
Diese große Maschine wird vom Bauern oder der Bäuerin gefahren. Ein Mähdrescher kann ganze Maispflanzen abschneiden, die Körner vom Kolben trennen und die Reste zurück aufs Feld werfen, wo sie als Nährstoffe dienen.

**Mähbinder**
Ein Mähbinder kommt bei der Ernte von Weizen, Hafer und Gerste zum Einsatz. Nachdem die Maschine die Halme abgeschnitten hat, schnürt sie sie zu kleinen Bündeln zusammen.

**Maschine zur Olivenernte**
Maschinen zur Olivenernte rütteln am Stamm von Olivenbäumen, sodass die reifen Früchte herunterfallen. Unter die Bäume werden Planen gelegt, um die Oliven aufzufangen.

**Kartoffelroder**
Da Kartoffeln unterirdisch wachsen, gräbt ein Kartoffelroder sie aus. Dann schüttelt er sie, um die lose Erde zu entfernen.

**Ballenpresse**
Wie Mähdrescher erledigen auch Ballenpressen mehrere Arbeiten. Sie schneiden Heu oder Flachs, sammeln es auf und pressen es zu runden oder eckigen Ballen, die sich gut als Viehfutter lagern lassen.

# ZWISCHENFRÜCHTE

**Nachdem die Felder abgeerntet sind, könnte man sie über den Winter brachliegen lassen und erst im Frühjahr wieder neu bepflanzen. Viele Bäuerinnen und Bauern entscheiden sich stattdessen dazu, Zwischenfrüchte anzubauen. Diese Vorgehensweise gibt es schon seit Jahrhunderten.**

## Wozu Zwischenfrüchte anbauen?

Der Anbau von Zwischenfrüchten ist gut geeignet, um den Boden für die nächste Anbausaison gesund zu erhalten. Die Zwischenfrucht trägt zur Anreicherung des Bodens mit Nährstoffen bei. Wenn der Boden mit Nutzpflanzen bedeckt ist, wächst weniger Unkraut, und der Boden kann mehr Wasser speichern, da das Regenwasser besser versickern kann. Und obendrein bieten Zwischenfrüchte Nahrung für die zur Bestäubung wichtigen Insekten! Die meisten Zwischenfrüchte werden nicht zur Ernte und zum Verkauf angebaut.

**Wenn der als Hauptfrucht gepflanzte Mais abgeerntet ist, kommen die nachwachsenden Zwischenfrüchte zum Vorschein.**

## Zwischenfrüchte

Es ist wichtig, die passende Zwischenfrucht zu wählen. Weltweit werden viele Pflanzen als Zwischenfrüchte genutzt. Jede hat ihre Vorzüge.

**Winterroggen**
Roggen ist eine Grasart mit einem riesigen Wurzelsystem, das hervorragend Feuchtigkeit speichert und verhindert, dass der Boden von Wind oder Wasser abgetragen wird.

**Klee**
Sowohl Wiesen- als auch Weißklee reichern den Boden mit Stickstoff an und bieten Insekten Nahrung. Aus Wiesenklee lässt sich auch Tee zubereiten.

**Speiserüben**
Speiserüben sind eine gute Wahl für landwirtschaftliche Betriebe, die Rinder oder Schafe auf ihren Feldern weiden lassen. Sie sind günstig im Anbau und liefern den Tieren in den folgenden kalten Monaten Nahrung.

# DIE TIERE VERSORGEN

Das Vieh auf dem Bauernhof muss das ganze Jahr über gut versorgt werden, doch besonders wichtig ist das im Herbst. Der Winter steht vor der Tür, deshalb müssen die Tiere gesund und kräftig sein, damit sie gut durch die kalte Zeit kommen.

## Neues Federkleid

Im Herbst verlieren die Hühner Federn, damit neue nachwachsen können. Das nennt man Mauser. In dieser Zeit brauchen sie Futter mit ausreichend Protein und Kalzium, um neue Federn zu bilden.

## Von der Milch zum Gras

Lämmchen und Kälbchen werden normalerweise im Frühling geboren. Im Herbst machen sie einen großen Schritt: Sie hören auf, Muttermilch zu trinken, und fressen nun stattdessen Gras oder Futter. Bevor es kalt wird, werden sie von der Weide in den Stall gebracht.

## Leckerbissen für die Tiere

Nicht nur Menschen mögen den Herbst, wenn die Äpfel reif sind – auch viele Tiere! Kühe, Schafe und Ziegen durchstreifen im Herbst oft die Obstwiesen und lassen sich die Falläpfel schmecken. Die Bäuerinnen und Bauern müssen aufpassen, dass die Tiere zusätzlich auch Heu oder Gras fressen, damit sie gesund bleiben. Pferde müssen im Herbst zur Zahnkontrolle, damit sie problemlos knackige Äpfel und Karotten fressen können. Wenn Pferde Zahnprobleme haben, können sie ihr Futter nicht gut kauen.

# NAHRUNG HALTBAR MACHEN

**Im Herbst stellen viele Pflanzen das Wachstum ein, und auf den Bauernhöfen werden noch schnell die letzten Früchte eingesammelt und für später verarbeitet. In den Küchen duftet es süß oder würzig nach Eingekochtem, Eingelegtem und Fermentiertem. Diese Verfahren verhindern, dass Lebensmittel verderben. So kann man sie lagern.**

## Lagern

Lebensmittel kann man auf verschiedene Weise lagern. Wurzelgemüse wie Kartoffeln halten in Kellern und Kühlhäusern oft monatelang. Manche Früchte wie Beeren können eingefroren und später für Kuchen, Getränke oder Süßspeisen verwendet werden.

## Fermentieren

Beim Fermentieren wird der fruchteigene Zucker durch nützliche Bakterien in würzige Säure umgewandelt. Koreanisches Kimchi ist fermentiertes Gemüse, das meist aus Kohl mit einer Gewürzmischung zubereitet wird. Zum Gären wird es in speziellen Tongefäßen gelagert.

## Einlegen

Wer kennt sie nicht, die knackigen eingelegten Essiggurken? Aber auch viele andere Obst- und Gemüsesorten kann man einlegen. Durch Essig, Zucker, Gewürze und Salz entsteht daraus eine würzige Beilage oder ein leckerer Snack für die kommenden Monate.

## Einkochen

Beim Einkochen werden Lebensmittel erhitzt, um schädliche Bakterien abzutöten. Damit sich keine neuen Bakterien bilden, verschließt man sie luftdicht in Gläsern. In Italien macht man so Tomaten haltbar. Die Gläser mit den Tomaten werden dann fest verschlossen und in heißes Wasser gestellt.

# Alles Marmelade?

Magst du Marmeladebrot? Frisches Obst kann man auf verschiedene Weise einkochen. Dabei entstehen ganz unterschiedliche Brotaufstriche. Marmelade ist also nicht gleich Marmelade!

**Wie Wackelpudding**
Puddingähnliches Gelee wird aus gefiltertem Fruchtsaft gemacht.

**Glatt püriert**
Für Konfitüre, wie Marmelade oft genannt wird, werden Früchte fein püriert.

**Aus Zitrusfrüchten**
Auch aus Zitrusfrüchten und ihrer Schale kann man Marmelade kochen.

**Mit Stückchen**
Nicht immer ist Konfitüre fein püriert – es gibt sie auch mit ganzen Früchten oder Fruchtstücken.

**Ohne Zucker**
Fruchtaufstrich kann auch ohne Zuckerzusatz gekocht werden und besteht dann aus 100 Prozent Frucht!

**Schön klebrig**
Wenn man Fruchtpüree lange bei niedriger Hitze einkocht, wird daraus dickes, klebriges Fruchtmus.

# SAATGUT ERNTEN

**Im Herbst sorgen Bauern und Bäuerinnen für kommende Zeiten vor. Sie machen Lebensmittel ein und haben so den Winter hindurch bis ins neue Jahr leckeres Obst und Gemüse. Aber sie können noch andere Vorbereitungen treffen: Wenn sie die Samen ihrer Lieblingspflanzen ernten, können sie sie später wieder aussäen.**

## Vom Samen zum Saatgut

Pflanzen produzieren Samen, um sich zu vermehren. Manche Samen, wie Apfelkerne, stecken in den Früchten, andere, wie die winzigen Erdbeerkerne, sitzen an der Außenseite. Wieder andere, wie Salatsamen, befinden sich in der Blüte. Die meisten Pflanzen werden geerntet, bevor der Samen zu sehen ist. Denn so sind sie schmackhafter und zarter. Aber wenn man dieselbe Sorte noch einmal anbauen möchte, darf man die Pflanze nicht ernten, bevor sie Samen produziert hat. Um Saatgut für die nächste Aussaat zu gewinnen, lässt man einige Pflanzen auf dem Feld stehen. So können die Samen reifen und später entnommen werden.

## Gutes Saatgut

Oft werden Samen aus alten Pflanzensorten gewonnen, um diese Pflanzen zu erhalten. Häufig ernten Bauern und Bäuerinnen auch lieber Samen, die nicht von sogenannten Hybridsorten stammen. Hybridsorten sind eine Mischung aus zwei verschiedenen Sorten. Wählt man sortenreines Saatgut, verhindert man, dass sich die alte Pflanzensorte verändert.

## Paprikasamen gewinnen

Aus einer reifen Paprika lassen sich ganz einfach Samen gewinnen. Löse zuerst alle Kerne möglichst gründlich vom Fruchtfleisch. Lass diese auf Küchenkrepp trocknen. Die getrockneten Kerne gibst du in eine Plastiktüte oder ein Glas. Vergiss nicht, den Behälter zu beschriften! Im Frühling kannst du deine Paprikasamen dann aussäen.

# WINTER

Im Winter werden die Tage kürzer, und es wird kälter. Für Bauernhöfe auf der Nordhalbkugel ist im Dezember, Januar und Februar Winter, während die kältere Jahreszeit auf der Südhalbkugel von Juni bis August dauert. Manche Betriebe nutzen den Winter für Reparaturen und um sich auf die nächste Anbausaison vorzubereiten.

## Winteranbau

Einige Höfe bauen sogar im Winter Pflanzen an. Karotten können z. B. auch bei kalten -15 °C überleben. Weil die Pflanzen im Winter unter anderen Bedingungen wachsen, kann sich ihr Geschmack verändern. Manche sind dann süßer.

Pflanzen, die gegen Kälte empfindlich sind, bringt man im Winter manchmal in Foliengewächshäuser, um die Anbauzeit zu verlängern. Während sich draußen der Schnee türmt, gedeihen drinnen im Gewächshaus Salat, Rauke und Spinat.

Andere Nutzpflanzen, wie z. B. Winterweizen, werden im Herbst als Zwischenfrucht angepflanzt. Winterweizen braucht Kälte, damit er wachsen kann. Im Sommer ist er erntereif. Winterweizen wird in Nordamerika, Europa und Teilen Asiens angebaut.

# WINTERFRÜCHTE

Im Süden und Westen der USA sind die Winter mild und frostarm. Auf Bauernhöfen in Regionen wie Kalifornien und Florida können daher den ganzen Winter über Pflanzen angebaut werden, vorausgesetzt, sie vertragen kühleres Wetter.

## Coole Früchte für kühles Wetter

In wärmeren Gegenden mit milden Wintern wachsen Orangen, Grapefruits und Zitronen. Weißkohl, Blumenkohl und Brokkoli gedeihen bei kühlem Winterwetter, genauso asiatisches Blattgemüse wie Tatsoi, Pak Choi und chinesischer Stängelkohl. Wurzelgemüse wie Japanischer Rettich und Blattgemüse wie Spinat und Grünkohl wachsen ebenfalls gut. Viele Bäuerinnen und Bauern wählen alte Sorten für den Anbau, auch bei Zitrusfrüchten.

## Verschiedene Zitrusfrüchte

**Valencia Orange**
Diese Orange kommt eigentlich gar nicht aus der spanischen Stadt Valencia – sie wurde in Südkalifornien gezüchtet.

**Tangelo**
Diese leckere, saftige Frucht ist eine Kreuzung aus Mandarine und Pampelmuse

**Cara Cara**
Die süße Orange aus Venezuela hat rosa Fruchtfleisch.

**Blutorange**
Mit ihrem tiefen Rot sorgt die Orange vom Mittelmeer im Obstsalat für Farbe. Die sogenannte Sizilianische Blutorange ist eine geschützte Sorte.

**Bergamotte**
Die zitronengelbe Frucht aus Süditalien ist eine Mischung aus Zitrone und Bitterorange. Mit dem Öl aus ihrer Schale wird Tee aromatisiert.

**Pampelmuse**
Die Pampelmuse stammt aus Asien, schmeckt ähnlich wie Grapefruit und ist die älteste Zitrusfrucht der Welt.

# INDOOR-FARMEN IN DER STADT

In Städten auf der ganzen Welt gibt es nicht nur Bauernhöfe auf Dächern und in Hinterhöfen, sondern es gibt sie auch in Gebäuden. Während draußen der Schnee durch die Straßen wirbelt, bauen sogenannte Indoor-Farmen drinnen Nahrungsmittel an. Wie die Gemeinschaftsgärten sparen auch diese städtischen Farmen Energie, indem sie Nahrungsmittel dort anbauen, wo sie gegessen werden.

## Vertikale Farm: In die Höhe pflanzen

Bei dieser besonderen Form der Landwirtschaft wachsen die Pflanzen in langen Behältern, die übereinander auf Regale gestellt werden. Dadurch braucht eine vertikale Indoor-Farm weniger Fläche als ein normaler Bauernhof im Freien. Die Pflanzen wurzeln in nährstoffreichem Wasser anstelle von Erde. Man muss sich also keine Gedanken über steinige Böden oder den Einsatz von Dünger machen. Auf einer Indoor-Farm braucht man auch keine Angst vor Schädlingen zu haben. Keine Sonne? Auch kein Problem! LED-Lampen sorgen dafür, dass die Pflanzen das ganze Jahr über Licht bekommen.

# TÄGLICHE AUFGABEN

Bauern und Bäuerinnen haben nie „schneefrei“. Auch wenn Winter ist und es draußen stürmt und schneit, geht die Arbeit nicht aus. Ein Hof wirkt im Winter vielleicht ruhiger, aber es gibt immer noch viel zu tun. Zäune müssen repariert, Maschinen gewartet und die Tiere versorgt werden. Auf dem Hof hat jeder seine täglichen Aufgaben!

## Aufwachsen auf dem Bauernhof

Kinder, die auf einem Bauernhof leben, packen mit an, auch im Winter. Oft geben sie noch vor dem Frühstück den Tieren Wasser. Sie schaufeln Getreide in die Futtertröge der Ziegen und Schafe und füllen die Heuraufen der anderen Tiere. Sie misten Ställe aus und melken Kühe.

## Tierpflege im Winter

Viele Tiere brauchen im Winter besondere Pflege, damit sie mit Schnee, kälteren Temperaturen und ohne Frischfutter zurechtkommen.

**Hühner**
Damit es ihnen im Winter gut geht, brauchen Hühner einen sauberen Stall mit warmem, trockenem Stroh, nahrhaftes Futter und sauberes Wasser.

**Enten**
Glatte Federn über wärmenden, flauschigen Daunen halten Enten im Winter warm, aber sie brauchen sauberes, frisches Wasser, das nicht einfriert, außerdem reichlich Körner und Grünzeug zum Fressen.

**Kühe**
Eine kleine Extraportion Silage, große, runde Heuballen und ein an drei Seiten geschlossener Stall auf der Weide halten Kühe an kalten Wintertagen warm. Silage besteht aus klein geschnittenen grünen Pflanzen, die feucht gehalten werden und gären. Es kann den ganzen Winter über gelagert werden und ist vor allem für Milchkühe ein gutes Futter.

# BAUMSCHNITT

Der Winter ist die ideale Jahreszeit, um Obstbäume zu schneiden, weil sie sich dann in Winterruhe befinden. Ohne Blätter ist die Form des Baumes auch besser zu erkennen. Zu dicht stehende oder kaputte Äste werden weggeschnitten, damit die Bäume besser wachsen können. Wenn man Obstbäume jetzt sorgfältig schneidet, bekommt man später mehr Früchte.

# DIE WAHL DES SAATGUTS

Im Winter wählen die Bäuerinnen und Bauern das Saatgut für die Aussaat im Frühjahr aus. Überall auf der Welt entscheiden sich viele für alte Sorten, weil diese besser schmecken und widerstandsfähiger sind.

## Aussaat auf der Fensterbank

Die meisten Samen werden erst im Frühjahr gesät, manche Pflanzen können aber drinnen vorgezogen werden. Probiere es doch einmal aus und säe bei euch zu Hause alte Sorten von Gemüsepflanzen wie Weiß- oder Blumenkohl an. Im Sommer kannst du sie dann ernten.

**1.** Nimm ein geeignetes Gefäß, z. B. eine Aussaatschale oder ein Torftöpfchen. Auch Eierkartons eignen sich als Aussaatgefäße.

**2.** Befüll es mit Anzuchterde. Statt diese fertig zu kaufen, kannst du sie zu gleichen Teilen aus lockerer Gartenerde, Sand mit mittelgroßen Körnern und gut ausgereiftem Kompost zusammenmischen.

**3.** Drück die Samen in die Erde hinein, wie es auf der Samentüte beschrieben wird. Setz dabei nur ein oder zwei Samen pro Gefäß, damit sie genug Platz haben.

**4.** Besprüh die Samen vorsichtig mit Wasser.

**5.** Deck sie mit Frischhaltefolie oder einem durchsichtigen Plastikdeckel ab und pikse kleine Luftlöcher hinein.

**6.** Stell deine Samen an einen warmen Ort, aber nicht direkt in die Sonne. Am besten in die Nähe einer Heizung oder einer anderen Wärmequelle.

**7.** Sobald sie keimen, bringst du sie an einen sonnigen Platz, wo sie jeden Tag mehrere Stunden Sonnenlicht bekommen. Gut geeignet sind Südfenster.

**8.** Später müssen die Setzlinge in größere Töpfe umgepflanzt werden. Wenn es warm genug ist, können sie ins Freie umziehen.

# GRÜNE ENERGIE

**Rund um die Welt bemühen sich Bäuerinnen und Bauern, ihre Höfe nachhaltig und umweltfreundlich zu bewirtschaften. Dazu gehört auch die Energieversorgung. Manche Energiearten wie Wind- und Sonnenenergie sind umweltschonend und erneuerbar. Sie zu nutzen macht einen Bauernhof noch grüner!**

## Gewächshäuser beheizen?

Biobetriebe müssen entscheiden, ob sie in den kälteren Monaten Obst und Gemüse in beheizten Treibhäusern anbauen oder ob sie Pflanzen den natürlichen Jahreszeiten entsprechend nur dann anbauen, wenn dies im Freien möglich ist. Keine leichte Entscheidung. Immer mehr Menschen wollen das ganze Jahr über Bioprodukte. Ohne beheizte Gewächshäuser müssen die Kunden auf Obst und Gemüse aus fernen, warmen Ländern ausweichen.

Glücklicherweise könnte erneuerbare Energie die Lösung sein! In vielen Teilen der Welt bringen Bauernhöfe Solarzellen an oder nutzen Windkraft, um Energie zu erzeugen, die den Hof mit Strom und Wärme versorgt. In Island z. B. werden Gewächshäuser mit Geothermie – Erdwärme aus tiefen Erdschichten – beheizt. All diese Verfahren liefern saubere, grüne Energie.

# FISCHZUCHT

**Rund um den Erdball gibt es verschiedenste landwirtschaftliche Betriebe – und dazu gehören auch Fischzuchtbetriebe. Werden Fische oder andere Wassertiere als Nahrungsmittel gezüchtet, nennt man das Aquakultur. Diese Aufzucht findet größtenteils in Süß- oder Salzwasser im Freien statt. Aber so wie der Anbau von Pflanzen wandert auch die Fischzucht nach drinnen.**

## Indoor-Fischzucht

Indoor-Fischfarmen bereiten das verwendete Wasser immer wieder neu auf, was nachhaltig ist und die Umwelt schont. Diese Art von Fischzucht braucht weniger Wasser und produziert weniger Abfall. Die Fische sind genauso nährstoffreich wie die, die in der freien Natur leben. Fische aus Indoor-Farmen sind außerdem frei von Giftstoffen wie Quecksilber oder Pestiziden, mit denen natürliche Gewässer belastet sein können. Auch mit nachhaltiger Aquakultur ernähren landwirtschaftliche Betriebe die Menschen in aller Welt.

## Regenbogenforellen aus dem Hudson Valley

In einer Lagerhalle im Bundesstaat New York, nur ein paar Meilen vom Hudson-Fluss entfernt, werden Fische gezüchtet. Regenbogenforellen sind an der Westküste der USA heimisch. In dieser Indoor-Farm schwimmen sie in großen Wassertanks. Das Wasser, das immer wieder neu aufbereitet wird, ist frei von Verunreinigungen und Medikamenten. Die Fischabfälle werden zu Dünger verarbeitet, der später zum Anbau von Pflanzen genutzt wird. Wenn die Fische ausgewachsen sind, werden sie frisch an Restaurants und Hobbyköche in der Region geliefert.

**Regenbogenforelle**

# WINTERLICHE FESTESSEN

Das ganze Jahr hindurch sind wir auf frische Lebensmittel vom Bauernhof angewiesen, selbst im Winter. Zu dieser Jahreszeit wird viel gefeiert, in den USA z. B. das afroamerikanische Fest Kwanzaa. Dabei gibt es leckeres Essen mit gebackener Rote Bete, Wildreis und Blattkohl. Dank der Bäuerinnen und Bauern, die das ganze Jahr arbeiten, kann Essen Teil unserer Familientraditionen sein. Gibt es bei dir an Festtagen ein besonderes Gericht?

## Festtagsspeisen

Jedes Fest ist einzigartig und hat seine eigenen Traditionen – dazu gehören auch die Speisen. Manche dieser Speisen werden nur einmal im Jahr zubereitet!

**Schweden**
In Schweden wird am 13. Dezember das Luciafest gefeiert. Oft gibt es dann Lussekatter, ein süßes Safrangebäck, das aus Milch, Butter, Weizenmehl, Eiern und Rosinen gebacken wird.

**Philippinen**
Weihnachten wird auf den Philippinen mit einem süßen Reiskuchen namens Bibingka gefeiert. Er wird aus Kokosmilch, Zucker und Reis zubereitet und in einer mit Blättern ausgelegten Tonform gebacken.

**Nepal**
Das Lichterfest Diwali ist ein wichtiges Fest für Hindus. Die Feiernden lassen sich kandierte Lapsi schmecken, eine in Nepal weit verbreitete Frucht.

# WIR ALLE KÖNNEN HELFEN

Bäuerinnen und Bauern auf der ganzen Welt tragen dazu bei, dass wir uns gesund ernähren und gut leben können. Sie kümmern sich um das Wohl der Tiere und um die Umwelt. Sie sorgen für Nahrungsmittel, die gut für uns sind und der Umwelt nicht schaden. Auch wenn wir nicht auf einem Bauernhof arbeiten, können wir dazu beitragen, uns gesund zu halten und unseren Planeten zu schützen.

## Was du tun kannst

Es gibt viele Möglichkeiten mitzuhelfen. Hier sind ein paar davon:

**Auf die Herkunft achten**
Auf dem Bauernmarkt siehst du die Person, die dein Essen angebaut hat. Bei Lebensmitteln, die nicht aus der Nähe kommen, kannst du auf dem Etikett nachsehen, woher z.B. der Fisch stammt, den du gekauft hast, oder auf welchen Feldern die San-Marzano-Tomaten aus der Dose geerntet wurden.

**Regional genießen**
Gehe in Restaurants, die ihre Zutaten bei Betrieben in der Umgebung einkaufen und umweltfreundliche Erzeuger unterstützen. Dieses Prinzip nennt man auf Englisch „Farm to table" – vom Feld auf den Tisch.

**Selber anbauen**
Warum baust du nicht selbst Obst und Gemüse an? Manche Biobauernhöfe bieten auch Ferienprogramme an, bei denen beispielsweise gemeinsam gepflanzt wird.

**Kein Essen verschwenden**
Wenn du nicht mehr kaufst, als du essen kannst, wird kein Essen verschwendet. Reste kannst du für später aufheben.

# GLOSSAR

**Acker**
Land, das sich für den Anbau von Pflanzen eignet.

**Agrarökologie**
Art der Landwirtschaft, die versucht, den Klimawandel zu bremsen, unter anderem durch die Verwendung lokaler Produkte und Recycling.

**Aquakultur**
Zucht von Fischen und anderen im Wasser vorkommenden Lebewesen (Muscheln, Krebse, Algen).

**Atmosphäre**
Lufthülle, die unseren Planeten umgibt.

**Aussterben**
Wenn eine Art nicht mehr auf der Erde vorkommt.

**Bestäubung**
Vorgang, durch den Pflanzen befruchtet werden und sich fortpflanzen.

**Biodiversität**
Vielfalt allen Lebens in der Welt oder in einem bestimmten Lebensraum.

**Dünger**
Chemische oder natürliche Substanz, die dem Boden zugesetzt wird, um das Wachstum von Pflanzen zu unterstützen.

**Erneuerbare Energien**
Die Gewinnung von Strom und Wärme aus Energieträgern wie Wind, Wasser oder Sonne, die unendlich zur Verfügung stehen.

**Erosion**
Vorgang, bei dem der Boden durch Wind und Wasser abgetragen wird.

**Freilandhaltung**
Tiere werden unter natürlichen Bedingungen im Freien gehalten statt in einem Stall oder Käfig.

**Fruchtwechsel**
Wechsel der angebauten Pflanzen auf einem Feld, um den Boden gesund zu halten.

**Kohlendioxid**
Ein farb- und geruchloses Gas, auch $CO_2$ genannt, das in der Atmosphäre vorkommt, eine dicke Schicht bildet und die Erde warm hält. Gibt es zu viel davon, wird die Erde immer wärmer, und es kommt zum Klimawandel.

**Landwirtschaft**
Die Nutzung des Bodens für Ackerbau und Tierzucht, um Nahrung, Fasern und andere Produkte herzustellen.

**Nachhaltig**
Eine landwirtschaftliche Arbeitsweise, die die Bedürfnisse der heutigen Generation befriedigt, ohne die Bedürfnisse der künftigen Generationen zu vernachlässigen.

**Nährstoff**
Stoff, der Nahrung zum Wachsen liefert .

**Ökologische/biologische Landwirtschaft**
Erzeugung von Nahrungsmitteln ohne Einsatz von Kunstdünger, Pestiziden oder anderen künstlichen Mitteln.

**Ökosystem**
Lebensgemeinschaft von Pflanzen und Tieren in einem bestimmten Lebensraum, wie z. B. einem Wassertümpel oder einem Laubwald.

**Organische Substanzen**
Bodenbestandteile wie Pflanzenwurzeln, aber auch abgestorbene und umgewandelte Reste von Pflanzen und Tieren.

**Pestizid/Herbizid**
Chemikalie gegen Schädlinge/Unkraut.

**Pollen**
Kleine Körnchen, die Pflanzen zur Befruchtung produzieren. Auch eine Bezeichnung für Blütenstaub.

**Rasse/Sorte**
Tiere oder Pflanzen einer Art, die ein bestimmtes Aussehen und bestimmte Merkmale aufweisen.

**Schädling**
Insekt oder Tier, das für Nutzpflanzen und Vieh schädlich ist.

**Solarstrom**
Strom, der als Energiequelle die Sonne nutzt.

**Stickstoff**
Farb- und geruchloses Gas, das Pflanzen als Nährstoff dient.

**Treibhausgas**
Gase, z. B. Kohlendioxid, die zur Erwärmung der Erde beitragen.

**Trockenfeldbau**
Landwirtschaft ohne zusätzliche oder mit sehr wenig Bewässerung in trockenen, heißen Gebieten.

**Überschwemmungsgebiet**
Tief gelegenes Gebiet am Fluss, das leicht überschwemmt wird.

**Zwischenfrüchte**
Pflanzen, die zum Schutz des Bodens gepflanzt werden.